JN042169

# 心がスッと軽くなる
# 英語フレーズ

*with* スヌーピー

チャールズ・M・シュルツ 原作　山田 暢彦 訳

All the things the characters in PEANUTS say
are things I normally say to people
around me every day.

PEANUTS のキャラクターたちがいうことばは
どれも毎日私が周りの人たちに
言っていることなのです。

—— Charles M. Schulz

チャールズ・M・シュルツ

Charles M. Schulz

1922年、ミネソタ州ミネアポリスに生まれる。
アメリカの新聞7紙で連載がスタートした
人気コミック『PEANUTS（ピーナッツ）』の作者。
1950年から約50年間もの間コミックを描き続け、
スヌーピー、チャーリー・ブラウンなどの
魅力的なキャラクターを数多く生み出した。
2000年2月12日、世界中の人々に
惜しまれながらこの世を去る。

スヌーピーで知られるコミック『PEANUTS』。
作者のチャールズ・M・シュルツは、
約50年間ほぼ休むことなく、
スヌーピーとその仲間たちの物語を描き続けました。

彼が描いたユーモアあふれるコミックの節々には、
キャラクターの魅力だけでなく、
彼の心優しい人生観がつまっています。

疲れがたまってしまったとき、
どうしても勇気が出ないとき、
落ち込んでしまったとき、
自分を応援してあげたいとき、
そして、小さな幸せを感じたいとき、
この本を手に取ってみてください。

ここにあるスヌーピーたちのことばによって、
あなたやあなたの周りの人たちが、
少しでも笑顔になれますように。

# 本書の使い方

本書はすべてのページが切り離せるようになっています。
お気に入りのページを、家族や友人にプレゼントしたり、
いつも目につくところに貼ったりして、
フレーズを日常に取り込んでみましょう。

ここから
切り取れます

**Front**

↑
スヌーピーやその仲間たちが伝える
心がスッと軽くなる英語フレーズ

ここから
切り取れます

**Back**

フレーズや作品をより深く理解できる解説。
一緒におぼえるとためになるフレーズも。

はじめに ——————————————————————————— 5

本書の使い方 ————————————————————————— 6

PEANUTSの仲間たち ———————————————————— 8

Chapter 1
**RELAX**   リラックス —————————————————— 9

Chapter 2
**CONFIDENCE**   自信 ————————————————— 27

Chapter 3
**HOPE**   希望 ————————————————————— 45

Chapter 4
**CHALLENGE**   挑戦 ———————————————— 63

Chapter 5
**HAPPINESS**   しあわせ ——————————————— 81

日常で使える英会話フレーズ with スヌーピーとその仲間たち ———————— 99

# PEANUTSの仲間たち

スヌーピーが登場するコミック「PEANUTS」。作者のチャールズ・M・シュルツは、
約50年間のコミックス連載中、多くの個性豊かで魅力的なキャラクターを生み出しました。

### *Charlie Brown*
チャーリー・ブラウン

飼い犬のスヌーピーを愛する優しい男の子。野球の試合にはいつも負けてばかり。

### *Snoopy*
スヌーピー

世界一有名なビーグル犬。非常に想像力に富み、いつも自信にあふれている。

### *Lucy*
ルーシー

チャーリー・ブラウンや弟のライナスによくいじわるをする威張り屋な女の子。

### *Linus*
ライナス

毛布が大好きな哲学者。心優しいチャーリー・ブラウンの友人。

### *Sally*
サリー

チャーリー・ブラウンの妹。口が達者なちゃっかり者。ライナスのことが好き。

### *Schroeder*
シュローダー

おもちゃのピアノで音楽を奏でる天才少年。ベートーベンを崇拝している。

### *Peppermint Patty*
ペパーミント パティ

運動神経抜群。ただし勉強は苦手…。チャーリー・ブラウンのことが好き。

### *Marcie*
マーシー

ペパーミント パティの親友で、優等生。チャーリー・ブラウンのことが好き。

### *Woodstock*
ウッドストック

バタバタ飛び、たまに何かを話している小さな黄色い鳥。スヌーピーの親友。

### *Franklin*
フランクリン

チャーリー・ブラウンの友人で温厚な性格。学校ではペパーミント パティの前の席。

### *Spike*
スパイク

スヌーピーの兄で、帽子とヒゲがトレードマーク。孤独を愛し、砂漠に暮らす。

リラックス

# RELAX

Life is full of mysteries...

人生は謎だらけね…

# Life is full of mysteries...

## 人生は謎だらけね…

be full of ~は 「~でいっぱいである」 という意味。チャーリー・ブラウンの批判に
ルーシーは 「人生はわからないことばかりだわ（→受け入れなさい）」 と切り返しています。

LUCY, YOU'RE THE WORST OUTFIELDER IN THE HISTORY OF BASEBALL! I DON'T KNOW WHY WE KEEP YOU ON THE TEAM!

ルーシー、君は野球史上
一番ひどい外野手だ！
どうして君をクビにしない
のか自分でもわからないよ！

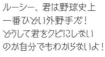

LIFE IS FULL OF MYSTERIES..

人生は謎だらけね…

野球の腕前はからっきしのルーシー。
チャーリー・ブラウンもあきれてルーシーを怒りますが、
ルーシーは瞬時に批判をかわします。
失敗をしてしまったときや批判をされたとき、
こんな風に自分を守るのもひとつの手かもしれません。
人生にはさまざまな困難があり、
いつまでたってもわからないことだらけなのですから、
このフレーズを御守りに日々を乗り越えていきましょう。

## That might be kind of fun to try...

やってみると、ちょっと楽しいかも…

Linus 1984.10.16

一緒に
おぼえよう！
CHEER UP
PHRASE

I'm just glad
I have my health!

健康ならばそれでいいの!

# I'm just glad
# I have my health!

## 健康ならばそれでいいの!

just は 「(他のことは置いておいて)とにかく、ただ」 という意味です。
たとえ成績は赤点に近くても、体は健康。それだけで自分は幸せ…とペパーミント パティ。

テストの評価はどう　Dマイナス　それは　別に気にしないわ…　健康ならば
だった、パティ?　　　　　　大変だ　　　　　　　　　　それでいいの!

ひとつうまくいかないことがあると、
自分はダメな人間のように思えてくる場合もありますよね。
そんなときは、ぜひペパーミント パティを見習ってみてください。
彼女の成績はいつも赤点ギリギリのDマイナス。
優等生のフランクリンはその成績を心配してくれるけど、
彼女自身はそんなこと全く気にしていません。
なぜなら、体が健康であれば、それで問題ないのですから。
誰でも健康第一。元気に生きているだけで百点満点ですよね。

## All you really need in this life to be happy is your health...

幸せに生きるために本当に必要なのは健康だけ…
Snoopy 1970.08.14

一緒に
おぼえよう!
CHEER UP
PHRASE

# If it happens,
# it happens.

そのときは、そのときよ。

# If it happens,
# it happens.

## そのときは、そのときよ。

「もしそれが起こるなら、それは起こる」が直訳。そのときに考えて対応すればいい、というニュアンスで使います。「なるようになる」にも近い表現。

1978.04.04

まぁ、多少雨が　　　　小雨なんて、　　　　もしも自分の方に　　そのときは、
降ってるけど　　　　そんなに困るものでは　ボールが飛んできたら、　そのときよ
　　　　　　　　　　ないでしょ　　　　　どうするつもりなの？

野球をこよなく愛するチャーリー・ブラウンは、
雨が降ってきたくらいではピッチャーマウンドをおりません。
雨をしのぐべく、新聞紙をかぶっているのはルーシー。
今、もし、ボールが飛んできたら？　なんてルーシーは考えません。
そのときはそのとき。なるようになるのです。
何が起きるか考えて思い悩むより、事が起きてから考える方が、
具体的な策が浮かぶかもしれませんよ。

## We all have our anxieties.

誰にでも不安はあるものだよね。
Charlie Brown 1969.02.21

一緒に
おぼえよう！
CHEER UP
PHRASE

# SOMETIMES IT WORKS AND SOMETIMES IT DOESN'T...

うまくいくこともあれば、いかないこともある…

# Sometimes it works and sometimes it doesn't...

## うまくいくこともあれば、いかないこともある…

Sometimes A（肯定文）and sometimes B（否定文）. の対比がポイントです。
この sometimes は「〜のときもあれば…のときもある」という意味合いで使われています。

1996.04.10

裏口をじーっと見続けて
いると、晩ごはんが早めに
出てくることがある…

うまくいくこともあれば、
いかないこともある…

特に毎晩やってるとね…

食いしん坊のスヌーピーにとって、一番の楽しみは食べること。
屋根の上から裏口をじーっと見つめて、チャーリー・ブラウンが
一秒でも早くごはんを持ってくることを念じています。
しかし、この日はうまくいかなかったようです。
そりゃあ、日々を過ごしていれば
うまくいく日もいかない日もできますよね。
世の中には運に頼るしかないことがあるのです。
そんなことにはのめり込みすぎず、このスヌーピーの言葉を思い出して
心を穏やかに過ごしていきましょう。

一緒に
おぼえよう・
CHEER UP
PHRASE

**I never think about the past.**
私は過去のことは一切考えないの。
Lucy 1983.07.06

どうだっていい、どうだっていい、どうだっていい。

# Who cares?
# Who cares?  Who cares?

## どうだっていい、どうだっていい、どうだっていい。

「誰が気にする？（→いや、誰も気にしない。私は気にしない。）」
親しい友人や家族同士の会話で「どうでもいいよ」と言いたいときに使われる会話表現です。

1986.10.13

今日は
学校どう
だった？

どうだって
いいじゃん

ただ
聞いた
だけじゃ
ないか

私の新しい
哲学なの…
「どうだって
いい」

これからは、
なーんにも気にしないわ

どうだっていい、
どうだっていい、
どうだっていい

"Who cares?"（どうだっていい）は、
チャーリー・ブラウンの妹、サリーの口ぐせ。
マイペースなサリーは、このときも兄の質問なんておかまいなしです。
このように深く考えず、子どもらしい無邪気で思い切りの良い姿勢を
いつまでも忘れずにいたいものです。
目の前に課題が山積みなときは、
彼女のように物事を考えすぎないこともときには大切。
自分らしく、気を楽にして過ごしていきましょう。

一緒に
おぼえよう！
CHEER UP
PHRASE

### Years from now we can laugh about this …
何年か経てば笑い話ですから…
*Marcie 1996.03.20*

自信

# CONFIDENCE

# You play
# with the cards
# you're dealt...

与えられたカードで勝負するしかないのさ…

# You play with the cards you're dealt...

## 与えられたカードで勝負するしかないのさ…

この dealt は deal 「(トランプのカードを)配る」の過去分詞です。「配られたカードでプレーする」というのは、つまり「今いる状況の中でベストを尽くす」ということ。

1991.10.04

とぎどぎ疑問に思うの。
どうしてあなたはただの犬で
いることに耐えられるのか…

与えられたカードで
勝負するしかないのさ…

どんな意味かは
よくわからないけどね

何かとスヌーピーにちょっかいを出しに来るルーシー。
「よく犬でいることに耐えられるね」なんてひどいことを言います。
しかし、自分が持っているもので人生を楽しむしかないということを
知っているスヌーピーは、ルーシーのいじわるなんてどこ吹く風。
お金持ちだったらいいのに、もっとカッコよければいいのになどと
ないものねだりをするのではなく、今いる状況でベストを尽くしましょう。
そうすればスヌーピーのように、気楽に人生が送れるかもしれません。

一緒に
おぼえよう！
CHEER UP
PHRASE

## I want to be liked for myself...

ぼくはぼくであることで人に好かれたいんだ…
Charlie Brown 1985.05.25

# I feel that I'm great already!

私はすでに自分は偉大だと思ってるわ！

# I feel that
# I'm great already!

## 私はすでに自分は偉大だと思ってるわ！

think（考える）の代わりに feel（感じる）を使っている点に注目しましょう。
「（誰に何を言われようと）自分では自分のことを偉大だと思ってるわ」と主張しています。

大きくなったら、　　　それは侮辱だわ！　　　侮辱？　　　　　　　私はすでに自分は
偉大な人になりたい？　　　　　　　　　　　　　　　　　　　　　　偉大だと思ってるわ！

> ルーシーとライナスは姉弟。
> ライナスは素朴な疑問を姉のルーシーにぶつけます。
> そこで返ってきたのは自信家の彼女らしい答え。
> 今の自分が偉大ではないなんてとんでもない、ということでした。
> 人は誰しも生まれたときから個性豊かな、偉大で素敵な存在です。
> 誰に何を言われようと、常に自分で自分を誇る
> 強い気持ちを持っていてください。
> ルーシーはすでにそれを持っているのかもしれませんね。

## You can't change what you are.

自分が生まれ持ったものを変えることはできない。

Snoopy 1977.07.20

# Maybe we're building character.

精神を鍛えてるところなのかも。

# Maybe we're building character.

## 精神を鍛えてるところなのかも。

この character は「精神力、人格」の意味。アメリカでは、人は苦境やチャレンジを通じて、
自立心・責任感・人望といった character を身につけるという考え方があります。

チームの記録を
見てるんだけどね、
チャーリー・ブラウン…

今シーズンは全試合に
負けてるよ！

精神を鍛えてる
ところなのかも

野球チームのチームメイトでもあるライナスから
今シーズン全敗の報告を受けるチャーリー・ブラウン。
しかし、そんな報告、チャーリー・ブラウンは気にしません。
試合には負けたけど、その分精神的に強くなっていると瞬時に切りかえ！
チャーリー・ブラウンの言う通り、
何かに負けることは、大きく成長している瞬間なのです。
何かに失敗して落ち込んでしまったときには、
この言葉を思い出して、自分を勇気づけてみてください。

## Stop feeling so sorry for yourself!

自分をそんなに憐れむのはやめなさい！

Lucy 1960.09.10

私の人生よ、それを生きるのは私よ！！

# It's my life, and I'm the one who has to live it!!

## 私の人生よ、それを生きるのは私よ!!

I'm the one who 〜.「〜するのは私なのよ」の表現にルーシーの強い意志が感じられます。「（周りの人はいろいろ言うけど）実際にそれをやらなきゃいけないのは私よ」と言っています。

1970.11.27

私の人生よ、私が　　　私は私なの!　　　　私の人生よ、それを　　ちょっと助けは
したいようにするわ!　　　　　　　　　　生きるのは私よ!!　　必要だけど…

誰に何を言われようと「自分の人生は自分で選ぶ」という
強い意志を持って生きているルーシー。
たった一度きりの人生なのだから、後悔のないよう
自分のやりたいことをして生きていくのが一番です。
でも、自分らしく生きるためには、ほんの少し周りの助けも必要。
つまずいたときには素直に人の助けを借りて、
ルーシーのようにまっすぐ強く進んでいきましょう。

一緒に
おぼえよう!
CHEER UP
PHRASE

**Be happy with the things you have!**
自分が持っているもので幸せに生きようよ!
Charlie Brown  1956.03.02

# Different people have different methods...

人はそれぞれ自分のやり方があるよね…

# Different people have different methods...

## 人はそれぞれ自分のやり方があるよね…

「違う人は、違うやり方がある」が直訳。Different ～ have different .... は
このように「それぞれ違う」と言いたいときに便利なフレーズです。

1962.05.15

暑いときに涼しく
過ごすための
一番の方法は
なんだろう？

うーん、どうだろう…
いくつかいい方法は
考えられるけど…

人はそれぞれ自分の
やり方があるよね…

暑いときに涼しく過ごすための一番の方法はなんだろう？
チャーリー・ブラウンとライナスが考えをめぐらせていると……
スプリンクラーに頭を突っ込んで涼む変わり者のスヌーピーを発見。
そんな大胆な方法には思わず圧倒されてしまいますね。
しかし、物事への取り組み方というのは人それぞれです。
自分の中にこだわりがあるときは周りに合わせる必要はありません。
周囲に惑わされることなく、
自分なりの方法で物事に対処していきましょう。

一緒に
おぼえよう！
CHEER UP
PHRASE

### Adversity builds character ...
逆境こそが精神を鍛えてくれるのよ…
Lucy 1966.10.03

I HAVE A CUTE SMILE!

かわいい笑顔をしてるじゃないか！

# I have
# a cute smile!

## かわいい笑顔をしてるじゃないか！

相手をほめる場合は You have a nice 〜. などと言いますが、ここでは、
主語をIにしているのがポイントです。自分の好きなところを素直に言えるのも素敵なこと。

1967.06.10

水皿に自分が
映ってるのが見える…

かわいい笑顔を
してるじゃないか！

スヌーピーは犬小屋の上から水皿に映る自分の顔を眺めています。
鏡を見るとつい、自分の気に入らないところも目についてしまいます。
もし、自分の悪いところばかりが気になってしまうときは、
スヌーピーの真似をして、鏡に向かってとっておきの笑顔を！
人には必ず、いいところがあります。
嫌いな部分のことばかりを考えて落ち込むのではなく、
好きになれる部分を探して、毎日を笑顔で過ごしてみませんか。

## There really is nothing more attractive than a nice smile.

やっぱり素敵な笑顔ほど魅力的なものはないね。

Charlie Brown 1959.11.20

おぼえよう！
CHEER UP
PHRASE

希望

*HOPE*

# Try to keep your

# chin up!

# Try to
# keep your chin up!

## 前向きでいるんだ!

keep one's chin up は「あご（chin）を上げた（up）状態に保つ」という意味です。
落ち込んでいる相手に「希望を失わないで」「前を向いていよう」と励ますときに使います。

1950.11.25

ばいばい、友よ…
寂しくなるよ…

でも、悲しまないで…
前向きでいるんだ!

ずっといなくなる訳じゃ
ないから…

また明日の朝ね!

飼い主のチャーリー・ブラウンにとってスヌーピーは、
ひと時も離れたくないかわいい弟のようでもあり、最高の相棒です。
このお話では、スヌーピーを励ましながらも、
本当は誰よりも寂しがっている
かわいらしいチャーリー・ブラウンが描かれています。
あなたにもチャーリー・ブラウンにとってのスヌーピーのように、
離れたくない大切な人はいるでしょうか?
たとえ、別れがやってきてその人と離ればなれになったとしても、
お互いを大切に想っていれば必ずまた会えることでしょう。
前向きな未来を考えて、寂しい時間を乗り越えましょう。

一緒に
おぼえよう!
CHEER UP
PHRASE

## Everyone needs to have hope ...

誰だって希望が必要なんだ…

Snoopy 1971.05.17

# Life is too short not to live it up a little!

人生は短いんだから、少しは冒険しなきゃ！

# Life is too short not to live it up a little!

## 人生は短いんだから、少しは冒険しなきゃ！

too ~ not to ... は「…しないでおくには~すぎる」。live it up は「（人生を）大いに楽しむ」という意味です。ここでは「時には冒険しなきゃ！」と踏み出すような気持ちで使っています。

1966.06.25

毎晩、おんなじ…

晩ごはんを赤い
お皿で食べて、
水は黄色のお皿…

今夜は黄色のお皿で
晩ごはんを食べて、
水は赤のお皿に
しようかな

人生は短いんだから、
少しは冒険しなきゃ！

食いしん坊のスヌーピーが何より楽しみにしているのは食事の時間。
赤いお皿をくわえて、チャーリー・ブラウンが
ごはんをくれるのを心待ちにしています。
でも、そんな楽しみも、毎日同じように繰り返されると
誰だって退屈に感じてしまいます。
そんなときスヌーピーは、ほんの小さな変化を加えます。
赤いお皿には水を入れて、黄色いお皿にはごはんを入れて、気分転換。
退屈だとなげく前に、楽しくなる方法を考えてみましょう。
毎日行っている習慣だとしても、少しの変化を加えるだけで
新鮮な気持ちで過ごすことができるかもしれません。

## Life is more pleasant when you have something to look forward to...

楽しみにしてることがあった方が、人生はいいもんだよ…

Linus 1969.05.26

# *It wasn't your fault.*

君のせいじゃないからね。

# It wasn't your fault.

## 君のせいじゃないからね。

one's fault で「〜の責任、〜のせい」。相手が自分を責めてしまわないようにと声かけをします。反対に「私のせいじゃない」なら、It isn't[wasn't] "my" fault. になります。

1962.07.30

やれやれ、また負けてしまった。でも、君のせいじゃないからね、スヌーピー…

はい、骨をあげる…

あとひとついいシーズンがあれば、これを現金に換えてボウリング場を買える!

試合に負けるたびに、スヌーピーに骨をあげて
なぐさめている優しいチャーリー・ブラウン。
一方で、その優しさ（骨）を集めて
個人的な野望を叶えようとしているスヌーピー。
チャーリー・ブラウンの気持ちを考えると何とも切ない行動です。
人の優しさは、決して蔑ろ(ないがしろ)にしてはいけません。
もし、周りに失敗をして落ち込んでいる人がいたら、
チャーリー・ブラウンのように優しく励ましてあげましょう。
相手の気持ちを少しだけ軽くしてあげることができるかもしれません。

## Without good memories, life can be pretty skungie...

いい思い出がないと、人生は結構つらいものよ…

*Peppermint Patty* 1972.02.28

おぼえよう!
CHEER UP
PHRASE

# Unlimited opportunity!!

可能性は無限だよ！！

# Unlimited
# opportunity!!

## 可能性は無限だよ!!

unlimited は「制限のない、無限の」、opportunity は「チャンス、良い機会」。
「(6歳になったら)何でもできちゃう!」とライナスは胸を躍らせています。

1956.05.05

6歳になるのが
待ち切れないよ!

そしたら道路を一人で
渡れる…冷蔵庫も
開けられる…

そして、水が飲みたく
なったら、その場で
腕を伸ばして自分で
取ることができる…

可能性は無限だよ!!

ライナスは、チャーリー・ブラウンの良き友だち。
道路を一人で渡れることも、冷蔵庫を開けられることも、
どんな小さなことだって、幼いライナスにとっては楽しみなことです。
ライナスのように幼い頃に持っていた未来へのワクワクを、
大きくなっても持ち続けていたいものですね。
自分で自分の限界を決めつけてしまうと、
それは自分の可能性を閉ざしてしまうことになります。
新しい場所に自ら飛び込んでいって、
さまざまなことにチャレンジしてみましょう。

一緒に
おぼえよう!
CHEER UP
PHRASE

## Let's not overlook the possibility of genius!

天才である可能性を忘れずに!
Snoopy 1968.02.05

挑戦

# CHALLENGE

# Sometimes it has to be pursued!

自分から追い求めなければならないときもあるんだ！

# Sometimes it has to be pursued!

## 自分から追い求めなければならないときもあるんだ!

主語 it は security「安心」のことで、それは be pursued「追い求められる」必要があるものだと言っています。つまり、「欲しいものは自ら取りに行かなければならない」ということ。

1957.05.08

PEANUTS CAN YOU REALLY GET SECURITY FROM A BLANKET LIKE THAT?

APPARENTLY SOME PEOPLE CAN... OTHERS CAN'T..

OF COURSE, YOU HAVE TO REALIZE THAT SECURITY DOES NOT JUST **COME** TO A PERSON...

SOMETIMES IT HAS TO BE **PURSUED**!

あんな毛布で本当に安心を得ることってできるのかな?

人によってはできるようだね…ダメな人もいるけど…

ただ、知っておかなければならないのは、安心というのは勝手にやってくるものではなくて…

自分から追い求めなければならないときもあるんだ!

ライナスは大好きな毛布を抱えていないと、不安でたまりません。
それを知っているスヌーピーは、ライナスの毛布を奪っていじわるをします。
ライナスにとっての毛布のように、"安心"という望みであっても、
それを叶えるためには、ときにがむしゃらに頑張る必要があります。
必要なものが奪われてしまったときや、
欲しいものが手に入らないときには、
自ら取りに行く勇気と行動力が必要です。
追い求めなかったことで後悔をしないようにしましょう。

### Running away is the easy way out!
逃げ出すのは楽な方の道よ!
Lucy 1977.03.08

一緒に
おぼえよう!
CHEER UP
PHRASE

実際にやってみるまではわからないわ。

# We can't tell until we try it.

## 実際にやってみるまではわからないわ。

tell「話す、伝える」は、canと一緒に使うと「見分ける、わかる」の意味にもなります。
We can't tell は「はっきりそうだとは見分けられない」→「わからない」。

1995.06.24

本当に？
絶対にそう？

でも、実際に
やってみるまでは
わからないわよね？

ボコン！

わかったわ、あなた
が正しい…私は確
かに反対を向いて
たわ…

> 「後ろを向いてたらボールをとれないよ」とでも
> 仲間の誰かが言ったのでしょうか。
> それにあらがって自分の直感を信じたルーシーのところに
> ボールが飛んできました。
> 結局今回はルーシーが間違えてしまいましたが、
> このように自分の直感で突き進んでいくのもときには大切なことです。
> チャレンジ精神を忘れずに、どうなるかわからなくても
> とりあえず一歩踏み出してみませんか？

## Life can be very exciting when you have choices.

選択肢があると、人生はすごく楽しくなる。

Spike 1983.10.21

# What
# I need
# is a
# change.

ぼくに必要なのは変化だ。

# What I need
# is a change.

## ぼくに必要なのは変化だ。

What I need is ~. で「私に必要なのは~だ」。自分になくてはならないものを
強調して伝えるときに使います。change（変化）はここでは「気分転換」のニュアンス。

1961.01.25

退屈な人生になって　　来る日も来る日も、　　ぼくに必要なのは
しまった　　　　　　　おんなじことの繰り返し…　変化だ

毎日、同じ電車に乗って、同じ仕事をして、同じ電車で帰る。
誰でも、同じことを繰り返す毎日に飽きてしまうことがあります。
そんなときはほんのちょっとの変化をつけてみましょう。
スヌーピーのようにいつも寝ている体の向きを変えるだけ。
笑ってしまうほど小さな変化ですが、やってみると
見える空や雲が違ったり、聞こえる音が変わったり、
いろいろなことに気づきます。
もし、日々の退屈さにうんざりしてしまうのであれば
自ら変化をつけて、気分転換をしましょう。

## Life is full of choices!
人生は選択の連続よ！

Lucy 1976.01.25

一緒に
おぼえよう！
CHEER UP
PHRASE

A LittLe bit
each day...

毎日少しずつ…

# A little bit each day …

## 毎日少しずつ…

a little bit は「わずかに」、each day は「毎日」。練習や勉強などについて、
一気にやろうとするよりも毎日ちょっとずつがいい、と言いたいときに使えます。

1960.07.30

毎日少しずつ…　　　…それが秘訣…　　　毎日ほんの　　　　なまっている耳の筋肉
　　　　　　　　　　　　　　　　　　　　少しだけ…　　　　を鍛え上げなきゃね！

> ビーグル犬のスヌーピーは、垂れた耳が当たり前。
> それでもスヌーピーはコツコツと毎日、耳の筋肉を鍛えています。
> あなたには今、スヌーピーのように頑張りたいことはありますか？
> 目標を叶えるためには、一気に取り組むのではなく毎日少しずつ
> 努力を積み重ねていくことが、何よりも近道です。
> それにしても、耳の筋肉を鍛え上げた後の
> スヌーピーのやりたいことは何なのでしょうか。
> こんなに努力をしているんですから、きっと叶えられますね。

### It's all part of growing up!
それは全て成長するのに必要なこと！
Charlie Brown 1976.05.15

一緒に
おぼえよう！
CHEER UP
PHRASE

# Everybody's wrong sometime!

誰だって間違えることはあるのよ！

# Everybody's wrong sometime!

## 誰だって間違えることはあるのよ！

sometime「いつか、あるとき」を使うことで、「そういうこともあるのよ」というニュアンスを表しています。気の強いルーシーならではのミスの認め方かもしれません。


1974.07.19

オーライ！　　オーライ！ オーライ！ オーライ！　　ボトン！　　　誰だって間違える
　　　　　　　　　　　　　　　　　　　　　　　　　　　　　　　　ことはあるのよ！

自信家のルーシーにはボールが落ちてくる前から、
ナイスキャッチをしている自分の姿しか想像がつきません。
でも、ボールは無情にもルーシーの手前に落ちてしまいました。
それでもルーシーはちっともめげません。
「オーライ！」「できるわ！」と言い続けた結果できなくたって、
こんなにもあっけらかんとしています。
誰にだって失敗はつきものなのです。
失敗したことにとらわれず、終わったことは洗い流して
新たな挑戦へと向かっていきましょう。

一緒に
おぼえよう！
CHEER UP
PHRASE

## We all have our hang-ups!

誰にでも悩みはあるものだよ！

*Snoopy 1967.11.22*

*If you
expect nothing,
you get nothing...*

何も求めなければ、何も得られないってこと…

# If you expect nothing,
# you get nothing ...

## 何も求めなければ、何も得られないってこと…

expect nothing は「何も期待しない、何も求めない」という意味。
文の後半は you get nothing「何も得られない」と動詞だけ入れ替えた表現になっています。

1967.08.09

そんなに気にして
ないよ…何も求め
なければ、何も
得られないってこと…

スヌーピーの目の前でアイスクリームを食べているルーシー。
そんなルーシーをスヌーピーはじっと見つめます。
でも、結局ひとりで全部食べてしまったルーシーを見て、
別に期待してなかったもん、と負け惜しみを言うスヌーピー。
スヌーピーのように悔しい思いをする前に、
本当に欲しいものや叶えたいことがあるならば、
後悔しないように最初から声や態度に出して求めましょう。
そうすれば、いつかあなたの願いは叶うかもしれません。

一緒に
おぼえよう！
CHEER UP
PHRASE

## This is my big chance to be a hero!

これはぼくがヒーローになる大チャンス！
Charlie Brown 1959.09.02

# Dogs could fly
## if we
## wanted to...

犬はね、飛びたかったら、本当は飛べるんだよ…

# Dogs could fly
# if we wanted to ...

## 犬はね、飛びたかったら、本当は飛べるんだよ…

この could は仮定法過去で「〜できるだろうに」と事実に反する願望を表しています。犬は
飛ばないけど、もしやろうと思えば（if we wanted to）、飛ぶこともできる（dogs could fly）。

1996.12.02

犬はね、
飛びたかったら、
本当は飛べるんだよ…

確かに…
首輪が木に引っかかり
そうだね…

どうしてわかったの？

渡り鳥を見ながら「犬だって飛べる」と考えるスヌーピー。
ウッドストックはそれを全く疑わずに、
「首輪が引っかかりそうだね」とスヌーピーを心配します。
望めば何でもできることを信じている、かわいらしいふたり。
あなたは今まで何かやってみたかったことを
無意識のうちにあきらめてしまった経験はないですか？
そんなときは、勇気を出して一歩踏み出してみてください。
あなたの可能性を信じてくれる人は必ずいるはずです。

一緒に
おぼえよう！
CHEER UP
PHRASE

## You have lots of time yet.
時間はまだたくさんありますよ。
Marcie 1981.07.04

しあわせ

# HAPPINESS

# You've changed my whole life!

あなたのおかげで、私の人生はすっかり変わったわ！

# You've changed my whole life!

## あなたのおかげで、私の人生はすっかり変わったわ！

You have (=You've) changed と現在完了形にすることで、「以前とすっかり変わった、今は違う」と"現在の状態"に焦点を絞って表現することができます。whole life は「人生全体」。

1974.09.17

あなたのおかげで、
私の人生はすっかり
変わったわ！

前は学校に行くのが
大嫌いだったけど、
あなたと知り合って
からは、何もかもが
変わったの

ウーン！

信じられない…
わたしを愛してくれる
子がいたとは！♡♡

学校嫌いのサリーの人生をすっかり変えてしまったのが
学校の壁である「学校さん」との出会い。
サリーは「学校さん」に向かって話しかけたり、ハグをしたり…。
「学校さん」と会えるので、学校に行くのが楽しみになりました。
このように、人生には、あなたを大きく変える素敵な出会いがあります。
それはきっと、今このときには予想もできない出会いなのでしょう。
学校さんとサリーのような、思いがけない組み合わせかもしれませんね。

一緒に
おぼえよう！
CHEER UP
PHRASE

## You're really lucky you have each other!
お互いがいるというのは、とても幸運なことなんだよ！
Charlie Brown 1961.12.06

As long as
you think
only of yourself,
you'll never
find happiness ...

自分のことだけを考えてる限りは、絶対に幸せは見つからないよ…

# As long as you think only of yourself, you'll never find happiness ...

自分のことだけを考えてる限りは、絶対に幸せは見つからないよ…

後半の you'll never find ～「絶対に～は見つからない」という内容に対して、
前半では as long as ～「～である限りは」とその条件を言っています。only は「ただ～だけ」。

チャーリー・ブラウン、
ちょっと助言しても
いいかな…

自分のことだけを
考えてる限りは、絶対
に幸せは見つからない
よ… そろそろ他の
人のことも考えなきゃ!

他の人?　他の人って
どういうこと?　いったい
誰のことを考えれば
いいのさ?

ベートー
ベン!

ああ、
やれやれ!

チャーリー・ブラウンはいつも自分に対する評価を気にしてばかり。
そんな彼を、小さなピアニスト・シュローダーは諭します。
シュローダーはベートーベンのことを心から慕っており、
彼のような偉大な音楽家を目指して日々を過ごしています。
シュローダーのように、他人のことを考えたり、目指したりすることで
得られるパワーってありますよね。
人はつい自分本位で物事を考えてしまいますが、
そんなときは一度、周りの人のことを考えてみてください。
視野が広がって新たな道が見つかるかもしれません。

一緒に
おぼえよう!
CHEER UP
PHRASE

## The only real joy is giving!
本当の喜びはただひとつ、与えることだよ!
Charlie Brown 1972.12.01

# Happiness
## should
## be
# shared!

幸せは分かち合ってこそ！

# Happiness
# should be shared!

## 幸せは分かち合ってこそ！

should「〜した方がいい、〜すべき」は気軽な提案の表現。幸せ（happiness）は
みんなで共有される（be shared）のがいい、とライナスは伝えています。

毛布にあるその点線　ビリ！
はなんなの、ライナス？

幸せは
分かち合ってこそ！

お気に入りの毛布を肌身離さず持ち歩くライナス。
この「安心毛布」がないと彼は不安で仕方がないのです。
そして、この毛布さえあれば、いつだって幸せを感じられます。
この日はそんな幸せを、友だちのチャーリー・ブラウンにもおすそ分け。
ひとりで幸せを感じるよりも、その幸せを大事な人と分かち合えば、
毛布は半分になっても、幸せは2倍になります。
大切な誰かと喜びや感動を共有して一緒に笑って過ごせたら、
それだけで何倍も楽しく過ごせますよね。

## Happiness is a thoughtful friend!
幸せとは思いやりのある友だち！

Snoopy 1962.12.25

# I
# WAS
# ALREADY
# HAPPY.

はじめから幸せだったから。

# I was
# already happy.

## はじめから幸せだったから。

already「すでに」がポイントです。人生を捧げるなんて必要ないよ、
その前からもう幸せだったよ、とスヌーピーは伝えたいのでしょう。

| | | | |
|---|---|---|---|
| 君を幸せにすることにぼくの一生を捧げられると本当に思ってたんだけど… | そうはいかなくてごめんね | なに、気にしなくていいよ… | はじめから幸せだったから |

チャーリー・ブラウンは飼い犬のスヌーピーを幸せにするために、
一生を捧げようと思っていました。でもうまくいかなかったようです。
しかし、そんな彼の迷いなんて、スヌーピーは全く気にしていません。
だって、スヌーピーは彼と一緒にいられるということが
すでに幸せなことであると知っているからです。
幸せかどうかを決めるのは自分自身です。
もし人生に物足りなさを感じたら、自分を客観的に見てみてください。
きっと、今の自分が十分幸せだと気がつくでしょう。

一緒に
おぼえよう！
CHEER UP
PHRASE

## I'm here to give you reassurance...

君を安心させるために来たんだよ…

*Charlie Brown* 1993.07.18

# I'm
# glad
# I'm alive!

私、生きててよかった！

# I'm glad
# I'm alive!

## 私、生きててよかった!

I'm glad 〜.は「〜してうれしい」「〜でよかった」と喜びや安堵を伝える表現。
こうしたシンプルなフレーズでも、気持ちを共有できるとぐっと距離感が縮まります。

1987.10.21

この曲は　エルガーの　この曲、　私もです　ねえねえ?　どうしま　私、生きててよかった!
なんて　「威風堂々」　好き…　　　　　　　　　し_たか?
いうの?　です…

スポーツ万能で勉強が苦手なペパーミント パティと
運動は苦手だけど成績優秀のマーシー。
性格は正反対だけど、ふたりは大の仲良し。
ペパーミント パティが気に入った曲をマーシーも好きだと聞いて、
「生きててよかった!」と思うほど幸せを感じます。
大好きな人と気持ちが通じ合って、
とてもうれしくなることってありますよね。
ちょっとした感動も一緒にいる相手と共有してみましょう。
そうすれば、その感動は2倍になるかもしれません。

一緒に
おぼえよう!
CHEER UP
PHRASE

## The secret of life is to be observant ...
人生の秘訣はよく観察すること…
*Sally 1995.05.11*

# This
# has been
# a really
# good day...

今日はとてもいい1日だった…

# This has been a really good day...

## 今日はとてもいい1日だった…

現在完了形 has been を使うことで、「今日はここまで1日、ずっといい日だ」という
意味を表しています。全てのことをきちんとやった、その幸せを噛み締めているところです。

1994.03.04

今日はとてもいい
1日だった…

ぼくは全てのことを
きちんとやった…

自分の考えではね…

今日はあれができなかった、こんな失敗をしちゃった……と
後悔ばかりしていませんか？　そんな1日の終わり方をしてしまうより、
スヌーピーのように前向きに考えたほうがずっと幸せです。
どんなに悲しいことや、悔しいことがあったとしても、
自分の1日を自分で認めてあげましょう。
つらいことを耐えられた自分、失敗から学べた自分、
そして、1日を無事終えた自分をほめてあげてください。
そうすれば心に余裕が生まれて、
明日をもっと良い日にできるかもしれません。

一緒に
おぼえよう！
CHEER UP
PHRASE

### This is my life!
これがぼくの人生！
Charlie Brown 1997.03.17

*Phrases for*

# DAILY LIFE

## 日常で使える英会話フレーズ

with スヌーピーとその仲間たち

How are you?

It's been a long time.

How are things?

I like your bag.

Nice to meet you. I'm Yumi.

What do you like to do?

It was great meeting you.

Have a nice day.

# スヌーピーの
# 基本会話 で
## 使えるフレーズ

### 久しぶりだね。
*It's been a long time.*
It's (It has) been ~ . と現在完了形にするのがポイント。一定期間会っていないことを表します。

### 元気ですか？
*How are you?*
友人同士はもちろんのこと、店員や客などに対しても気軽に使われる定番の挨拶です。

### 最近どんな感じ？
*How are things?*
久しぶりに会った人に近況を尋ねるときに使えます。他に How have you been? という言い方も。

### はじめまして。ユミです。
*Nice to meet you. I'm Yumi.*
初対面の人への基本の挨拶。名前とセットでスムーズに言えるようにしましょう。

### そのバッグ、かわいいね。
*I like your bag.*
I like your ~ . はさらりと気楽に使えるほめ言葉。ポジティブな言葉に会話も自然と弾みます。

### お会いできて楽しかったです。
*It was great meeting you.*
初対面の人との別れ際の挨拶。great の代わりに nice や a pleasure もよく使います。

### 趣味とかはありますか？
*What do you like to do?*
英語では「何をするのが好きですか？」の形で趣味を尋ねることが多いです。

### いい1日を。
*Have a nice day.*
相手の幸せを願いながら別れる英語らしいフレーズ。夜なら Have a good night. です。

1

How much is this bracelet?

Can I try this on?

I love it!

This looks good!

Can I have the avocado salad?

May I order, please?

What kind of dish is this?

How's the steak?

# チャーリー・ブラウンの

# 買い物／食事。で

## 使えるフレーズ

### このブレスレットはいくらですか？
*How much is this bracelet?*

値札がついていない場合はこのように確認。how much は「（金額は）いくら？」。

### これを試着してもいいですか？
*Can I try this on?*

「試着する」は try on。試着室は The fitting rooms are over there. のように案内されます。

### すごく素敵！
*I love it!*

I love~. はカジュアルな言い方。他に This is very nice. と言うこともあります。

### これおいしそう！
*This looks good!*

店のメニューを見ながら。「このカレー、辛そう」なら This curry looks spicy. です。

### アボカドサラダをください。
*Can I have the avocado salad?*

注文するときの「～をください」は、Can I have ~? と疑問文の形にすると丁寧です。

### 注文してもいいですか？
*May I order, please?*

店員側から注文を取るときは、May I take your order? や Are you ready to order? と言います。

### これはどんな料理ですか？
*What kind of dish is this?*

メニューを見ただけではよくわからないときに。what kind of ~ で「どのような～」。

### ステーキの味はどう？
*How's the steak?*

感想を言い合うのも食事の楽しみのひとつですね。How's ～? で「～はどうですか？」。

What do you think about this idea?

I think Plan B is better.

Are you available Friday afternoon?

This is Suzuki calling from AZ Corporation.

Could you please send me the document?

I'd like to ask about your service.

May I take a message?

May I speak to Ms. Kelly, please?

## ウッド〜ストックの
# 仕事で
## 使えるフレーズ

### プラン B の方がいいと思います。
*I think Plan B is better.*
「私は〜だと思う」と自分の考えを伝えるときは
I think 〜. が基本の形。

### このアイデアについてどう思いますか?
*What do you think about this idea?*
相手の意見や考えは What do you think about 〜?
の形で尋ねることができます。

### 〈電話で〉AZ 社の鈴木と申します。
*This is Suzuki calling from AZ Corporation.*
電話で名乗るときは This is 〜. と言います。call
from 〜 は「〜から電話をかける」。

### 金曜日の午後は空いていますか?
*Are you available Friday afternoon?*
日程調整をするときなどに。available は「手が
空いている、出られる」などの意味。

### その書類を私に送っていただけますか?
*Could you please send me the document?*
Could you please 〜? はどんな場面でも安心して使え
る丁寧なお願いの表現です。

### 伝言をお預かりしましょうか?
*May I take a message?*
「伝言をお願いできますか」と頼む場合は
May I leave a message? と言います。

### 御社のサービスについてお尋ねしたいのですが。
*I'd like to ask about your service.*
ビジネスの場面では、want to 〜「〜したい」より
丁寧な would like to 〜 を使います。

### 〈電話で〉ケリーさんはいらっしゃいますか?
*May I speak to Ms. Kelly, please?*
「〜と話してもよろしいですか?」が直訳。相手を
呼び出すときの定型表現です。

Where's the taxi stand?

I'm staying for 5 days.

I'd like to get to Smith Museum.

Which train should I take?

I want to see a musical!

Is the museum far from here?

Does this bus stop at 5th Avenue?

Can you recommend a good restaurant?

# ルーシーの
# 旅行 で
## 使えるフレーズ

### タクシー乗り場はどこですか?
*Where's the taxi stand?*
「タクシー乗り場」は taxi stand。バス停なら bus stop、地下鉄の駅なら subway station です。

### 5 日間、滞在します。
*I'm staying for 5 days.*
期間の長さは for で表します。また、滞在先は I'm staying at Ace Hotel. と at を使います。

### Smith Museum に行きたいのですが。
*I'd like to get to Smith Museum.*
目的地への行き方を尋ねたいときに。get to ～ で「～に到着する」。

### どの電車に乗ればいいですか?
*Which train should I take?*
あわせて降車駅も確認したい場合は、Where should I get off? と尋ねましょう。

### ミュージカルが見たいなぁ!
*I want to see a musical!*
旅行計画を立てるときは「～したい」を表す want to ～ が便利。発音は「ワーントゥ」。

### 博物館はここから遠いですか?
*Is the museum far from here?*
距離を尋ねるなら How far is ～ from here?、徒歩圏内かを確認するなら Can I walk there? と言います。

### このバスは 5 番街に止まりますか?
*Does this bus stop at 5th Avenue?*
見慣れない路線図でよくわからない場合などは、こんな風に確認しましょう。stop at ～で「～に止まる」。

### どこかいいレストランはありますか?
*Can you recommend a good restaurant?*
recommend は「すすめる」という意味です。相手のおすすめを聞くのも楽しいですね。

## 読者アンケートのお願い

本書に関するアンケートにご協力ください。
右のコードかURLからアクセスし、以下のアンケート番号を入力してご回答ください。
当事業部に届いたものの中から抽選で年間200名様に、
「図書カードネットギフト」500円分をプレゼントいたします。
https://www.gakken.co.jp/homestudy-support/enqu_lang

アンケート番号: 305423

参考文献:『チャールズ・M・シュルツ 勇気が出る言葉』チャールズ・M・シュルツ KADOKAWA
写真提供:Aflo（p.4）

| | |
|---|---|
| 原作 | チャールズ・M・シュルツ |
| 訳者 | 山田暢彦 |
| ブックデザイン | 福島よし恵 |
| 帯イラスト | 半田智穂 |
| 執筆協力 | 山本美和 |
| 編集協力 | 上保匡代、大谷典子、小縣宏行、甲野藤文宏、森田桂子、 |
| | Joseph Tabolt、宮崎史子、脇田聡、渡邊聖子 |
| DTP | （株）明昌堂 |
| 印刷所 | （株）リーブルテック |

### 心がスッと軽くなる英語フレーズ with スヌーピー